AF278636

CHAMBORD

DISCOURS

PRONONCÉ

PAR M. LE MARQUIS DE RANCOUGNE

le 29 septembre 1879

CHAMBORD

DISCOURS

PRONONCÉ

Par M. LE MARQUIS DE RANCOUGNE

le 29 septembre 1879

Paris. — Imp. Gauthier-Villars, 55, quai des Grands-Augustins.

Messieurs

Lorsque, il y a quelques semaines, la pensée de célébrer à Chambord même l'anniversaire de la naissance de Mgr le Comte de Chambord s'est présentée à un groupe de nos amis, aucun d'eux ne s'est dissimulé l'importance toute particulière de cette manifestation et l'émouvante signification du Lieu qui devait lui servir de théâtre.

Quels souvenirs, en effet, attachés à cette historique demeure! Elle est l'œuvre de nos rois; les plus brillants, les plus illustres, les plus grands d'entre eux y ont déployé les splendeurs de la monarchie; elle a été l'asile d'un héros; elle est enfin devenue le Don de la France à CELUI qui lui a donné sa plus haute consécration, en se revêtant de son nom et en en faisant, à la fois, le titre de l'exilé, la formule de l'avenir, le symbole de nos espérances.

C'était donc, je le répète, une entreprise considérable. Nous en avons mesuré l'étendue, envisagé toutes les difficultés : au point de vue général de la situation politique du pays, la prédominance absolue de nos adversaires, que la liberté chez les autres irrite, et que cette irritation engagerait volontiers aux violences et à l'arbitraire; au point de vue local, une contrée, en apparence au moins, inféodée aux idées radicales, l'éloignement, la dispersion de nos amis, et, enfin, les préjugés de vieille date, dont l'artifice n'a que trop réussi à diviser des hommes qu'un égal patriotisme anime et qui n'auraient besoin que de se rapprocher pour se donner la main et pour s'entendre.

Messieurs, c'est surtout cette dernière considération qui nous a décidés; nous y avons puisé notre résolution; confiants dans le sentiment d'union *et de concorde qui nous inspirait, persuadés, du reste, qu'il y a toujours opportunité, lorsque le péril est imminent, à ne pas s'effacer devant lui, nous n'avons plus hésité. Une commission d'organisation a été formée ; elle m'a choisi pour son président, et c'est à cet honneur que je dois celui de vous adresser ces quelques paroles.*

I

Messieurs, la pensée de l'union de toutes les forces conservatrices n'est pas une pensée nouvelle : elle a surgi dans tous les cœurs le jour où le pays, envahi, terrassé par l'ennemi du dehors, a donné au monde le spectacle lamentable de vaincus s'entr'égorgeant sous les yeux de leurs vainqueurs. Ce jour-là, sous le coup du double désastre d'une défaite profonde et d'une insurrection insensée, il s'est produit comme une détente des passions politiques ; on l'a appelée « la Trêve des partis » :

c'était plutôt, au fond, un armistice, l'armistice de l'épuisement. En effet, les conservateurs au pouvoir ayant cru devoir retenir, pour leur gouvernement, le nom de la République, ce qui n'était qu'une transaction entre eux est devenu le terrain de luttes ardentes.

Je ne veux pas faire l'histoire d'un passé si près de nous; je n'ai voulu que rappeler l'origine et la raison d'être de l'Union conservatrice : elle est née du péril social; elle s'était donné pour tâche de le conjurer; vous voyez comment elle y a réussi, car c'est à elle que nous devons la République, devenue le gouvernement légal de la France, et la chute des derniers remparts qui arrêtaient les assaillants; ils sont aujourd'hui nos maîtres; ils nous le font durement sentir!

Pourquoi donc l'Union conservatrice ne nous a-t-elle pas préservés? C'est qu'elle se composait d'éléments désagrégés au fond, qu'elle n'unissait en réalité que des appréhensions, en un mot que sa formule était purement négative : or, Messieurs, il n'y a de force que celle qui est homogène, il n'y a de force que dans l'affirmation.

Toutefois, Messieurs, ne regrettons pas cette tentative ; elle n'aura pas été infructueuse. Ne nous eût-elle réunis qu'un jour, si elle nous a donné un enseignement, si elle nous a préparés à une entente plus large et plus efficace, remercions l'Union conservatrice du bienfait qu'elle nous aura légué : je dis légué, car, telle qu'elle était, elle n'existe plus.

Où retrouver, en effet, les éléments qui la composaient alors ? Où sont les Républicains conservateurs ? Où pourraient-ils être ? Quelle place y a-t-il pour eux dans la République radicale, socialiste et bientôt communaliste ? Non, il n'y a pas de République conservatrice ; soyons justes, il ne pouvait pas y en avoir : la poussée incessante des couches nouvelles, des couches avides, ne le permet pas.

N'en est-il pas de même du parti impérialiste ? je parle de son immense majorité, de ceux qui s'étaient placés sous son égide pour y trouver les garanties de l'ordre et de la préservation sociale. Cette égide n'a-t-elle pas disparu ? Ne reposait-elle pas tout entière en ce jeune prince, dont les sentiments personnels, je lui rends cet hommage,

justifiaient, mais justifiaient seuls, cette confiance ?
Il n'existe plus ; il a succombé, non sans gloire,
emportant avec lui toutes les espérances plausibles,
qui ne seraient plus que d'étranges, que d'aveugles
illusions, si elles se reportaient sur « Celui » que
ses divergences antisociales et ses palinodies politiques ont fait rayer du livre de sa famille.

Messieurs, l'heure est passée des coalitions
hétérogènes, car le terrain est déblayé ; les camps
sont tranchés, les vrais adversaires sont en pré-
sence : d'une part, la République, avec ses consé-
quences subversives, et de l'autre....... regardez à
l'horizon, vous y verrez poindre la monarchie, la
monarchie héréditaire, conservatrice, protectrice des
intérêts nationaux. C'est désormais ce point de
l'horizon qui s'éclaire, comme un phare, pour ral-
lier la phalange des forces conservatrices. Oui,
Messieurs, vous pourriez avoir été, au titre de
conservateurs, républicains, impérialistes,...... aujourd'hui, la logique de votre patriotisme a fait de
vous des Royalistes, je le proclame.

II

Nous sommes Royalistes, parce que nous avons souci des intérêts du pays ; nous en avons le souci, parce que ces intérêts sont précisément les nôtres. On a condamné d'une manière générale toute inspiration dont l'intérêt est le mobile ; on a dit que les intérêts étaient égoïstes : voulez-vous être rassurés sur la valeur des vôtres ? demandez-vous si celui qui vous est personnel est d'accord avec l'intérêt de tous, et quand votre conscience, votre conscience française, vous l'affirmera, ne craignez pas d'en faire la base de votre opinion politique. L'intérêt collectif, n'est-ce pas l'agrégation des intérêts particuliers, et le patriotisme n'est-il pas le partage, entre tous, des intérêts de la patrie ?

J'en veux choisir un exemple, parce qu'il est fondamental, et parce que, parlant à des hommes qui possèdent et qui cultivent la terre, je suis sûr d'être compris. Est-il un intérêt plus national que l'intérêt agricole? Chacun de vous cependant peut dire : c'est le mien. C'est le vôtre, oui ; soyez-en fiers, car là est la vraie source de la prospérité générale, la source mère, d'où découlent toutes celles qui font la fortune de la France. Eh bien ! Messieurs, si cette source s'épuise, si la ruine de l'agriculture est imminente, si nous voyons dans cette ruine la main néfaste de la République, notre répulsion pour elle n'est-elle pas justifiée? et la recherche d'un gouvernement protecteur n'est-elle pas légitime?

La République, dans notre pays, a, pour son malheur et pour le nôtre, ses traditions inéluctables, ses dogmes obligatoires : « Liberté, égalité fraternité » ; elle s'est contrainte elle-même à convertir en fait ce qui n'est qu'une abstraction ; et, impuissante à y réussir dans le domaine de la politique, elle en veut tenter l'application dans les questions d'ordre économique : là, ils ne sont pas moins faux, et, de plus, ils sont désastreux.

Sur le terrain des échanges entre nations,

jalouses du développement de leur production, la liberté absolue est un mythe, l'égalité est boiteuse, le fraternité menteuse ; entre de tels contractants, l'affaire est toujours meilleure pour l'un que pour l'autre ; il y a, il est vrai, le chapitre des compensations : cherchons celles de la République : à l'extérieur, elle n'inspire pas de sympathies et ne trouve pas d'alliances ; de là, pour améliorer ses relations, la nécessité d'acheter, au prix de concessions commerciales, d'éphémères bienveillances. A l'intérieur, ce sont d'autres préoccupations : elle a à remplir vis-à-vis du NOMBRE, sur lequel elle s'appuie, un de ses plus téméraires engagements : « l'augmentation progressive des salaires, en raison inverse du travail et de la valeur du produit ». C'est assurément un problème insoluble, un leurre dont les termes sont absolument inconciliables ; mais, si l'on ne s'arrête pas devant l'évidence, s'il faut que la démonstration vienne du fait, le fait vous aura ruinés. Sur qui pèsent en effet les tarifs des traités de commerce ? Sur vous, cultivateurs ! C'est vous qui êtes les sacrifiés, vous le sol, vous l'agriculture française !

Cette politique économique est donc à double

effet : le premier peut ruiner la France, le second
la diviserait en deux camps, « les consommateurs
et les consommés ». Or, tout gouvernement qui s'appuie sur l'antagonisme des classes est un gouvernement voué aux luttes interminables, et condamné
à toujours vaincre........ à vaincre qui? des con-
citoyens !

La France, succombant sur un champ de ba-
taille, peut se résigner momentanément aux consé-
quences de sa défaite, mais, vis-à-vis d'elle-même,
aux regards des siens, être partagée en catégories de
vainqueurs et de vaincus! non...... elle n'acceptera
jamais de dominateurs, pas plus ceux d'en bas que
ceux d'en haut. Ce qu'elle veut, c'est la cohésion
de ses forces sociales, équilibrées, coordonnées dans
de sages et libérales institutions; la sécurité de sa
puissance productive, sous l'égide d'un gouvernement respectable et respecté.

III

Ce programme, Messieurs, est celui de la Monarchie, que dis-je ? il est son essence. C'est elle qui a fait le territoire ; il est le produit de son travail séculaire : alliances, héritages, guerres glorieuses, ce sont nos rois qui ont composé, pétri, amalgamé cette terre féodale et morcelée et qui en ont fait une terre française, le piédestal d'une nation fière, illustre et puissante. Aussi, entre elle et la Monarchie existe-t-il un lien, que rien au fond ne peut rompre. Nos gloires et nos malheurs en sont les fibres indestructibles.

Un siècle de révolutions, d'essais, de tentatives de toute nature, n'aura bientôt finalement servi qu'à en démontrer l'inanité, et à établir cette vérité : « A la Monarchie seule il appartient de défendre et de développer nos intérêts nationaux, parce que c'est elle qui les a fondés ».

Mais, si elle a fait l'unité du territoire, elle n'a pas moins fait l'unité de la nation, et c'est là ce qui lui défend de partager les passions des partis. De ce rôle, elle ne saurait non plus déchoir. Sa mission est de les apaiser par sa longanimité, d'ouvrir les bras aux hommes de bonne volonté, et elle y réussit à son heure. Puis-je passer sous silence l'acte « spontané » de ces princes, s'inclinant devant le droit monarchique, et venant reprendre leur place aux côtés du chef de leur race? C'était un noble exemple! Ils sauront le maintenir dans son intégralité, écarter les questions intempestives qui divisent, pour ne songer qu'au salut du pays! Ils auront alors avancé l'heure où cette noble parole, « Je ne suis pas le roi d'un parti », recevra son accomplissement.

Oui, Monseigneur, bientôt elle se réalisera! et le jour où vos amis fidèles, ceux dont l'inébranlable constance aura maintenu, au prix de si longues épreuves, la foi monarchique, se sentiront submergés dans l'unanimité des suffrages qui vous acclameront, ce grand jour, qui sera pour le parti légitimiste le jour de sa disparition, sera le jour de son triomphe ! C'est qu'alors vous reviendrez pour être le roi de tous, pour être le Roi de France.

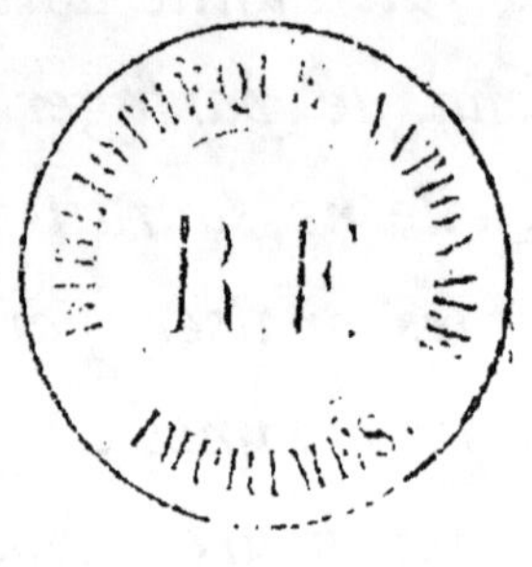

Paris. — Imp. Gauthier-Villars, 55, quai des Grands-Augustins.